DIY-Essentials

Ein Leitfaden für Reparaturen zu Hause

Johann Müller

Haftungsausschluss

Copyright © by Johann Müller 2024. Alle Rechte vorbehalten. Vor der Vervielfältigung oder Reproduktion dieses Dokuments in irgendeiner Weise ist die Zustimmung des Herausgebers einzuholen. Daher können die darin enthaltenen Inhalte weder elektronisch gespeichert, übertragen noch in einer Datenbank gespeichert werden. Das Dokument darf ohne Genehmigung des Herausgebers oder Erstellers weder ganz noch teilweise kopiert, gescannt, gefaxt oder aufbewahrt werden.

Inhaltsverzeichnis

Einführung................................ 6

Kapitel 1: Badezimmer................................ 13

1.1 Undichte Wasserhähne reparieren
1.2 Verstopfte Abflüsse reinigen
1.3 Toiletten reparieren
1.4 Duschköpfe austauschen
1.5 Fliesen abdichten und verfugen

Kapitel 2: Küche................................ 28

2.1 Schrankscharniere und Schubladen reparieren
2.2 Undichte Waschbecken reparieren
2.3 Verstopfungen bei der Müllentsorgung beseitigen
2.4 Backsplashes austauschen
2.5 Geräte warten und reparieren

Kapitel 3: Wände, Decken und Böden..44
3.1 Löcher in Trockenbauwänden ausbessern
3.2 Risse in Decken reparieren
3.3 Quietschende Böden reparieren
3.4 Beschädigte Bodenfliesen ersetzen
3.5 Neuanstrich und Tapezierarbeiten

Kapitel 4: Möbel und Einrichtungsgegenstände...59
4.1 Wackelige Stühle und Tische reparieren
4.2 Kratzer und Dellen reparieren
4.3 Möbel neu beziehen
4.4 Leuchten austauschen
4.5 Installation von Regalen und Aufbewahrungslösungen

Kapitel 5: Gadgets....................................72
5.1 Fehlerbehebung bei Steckdosen
5.2 Türklingeln reparieren
5.3 Reparieren oder Ersetzen von Thermostaten

5.4 Einrichten von Heimsicherheitssystemen
5.5 Wartung von Smart-Home-Geräten

Kapitel 6: Keller und Mechanik..86
6.1 Sumpfpumpen reparieren
6.2 Warmwasserbereiter reparieren
6.3 Isolieren von Rohren
6.4 Wartung von HVAC-Systemen
6.5 Abdichtung des Kellers

Kapitel 7: Garage und Auffahrt.. 98
7.1 Garagentore und -öffner reparieren
7.2 Risse in der Auffahrt reparieren
7.3 Speicherlösungen installieren
7.4 Wartung von Werkzeugen und Geräten
7.5 Organisation der Garage

Kapitel 8: Hof..110

8.1 Befestigung von Zäunen und Toren
8.2 Rasengeräte reparieren
8.3 Wartung von Sprinkleranlagen
8.4 Decks bauen und reparieren
8.5 Anlegen und Pflegen von Gärten

Abschluss..122

Einführung

Willkommen bei „DIY Essentials: Ein Leitfaden für Reparaturen zu Hause." Dieses Buch ist Ihr zuverlässiger Begleiter, um eine Vielzahl von Reparaturprojekten zu Hause sicher und einfach anzugehen. Egal, ob Sie ein erfahrener Heimwerker oder ein absoluter Anfänger sind, dieser Leitfaden vermittelt Ihnen das Wissen, die Fähigkeiten und die Inspiration, die Sie benötigen, um Ihr Zuhause in Topform zu halten.

Reparaturen zu Hause können oft entmutigend wirken, insbesondere wenn Sie nicht sicher sind, wo Sie anfangen sollen oder wie Sie ein Problem angehen sollen. Die gute Nachricht ist, dass viele häufige Haushaltsprobleme mit etwas Know-how und den richtigen Werkzeugen gelöst werden können. Von kleineren Reparaturen bis hin zu aufwändigeren Projekten deckt dieses

Buch alles ab und hilft Ihnen dabei, Geld zu sparen, Ihr Zuhause zu verbessern und ein Erfolgserlebnis zu erlangen.

Warum DIY?

Es selbst zu machen hat zahlreiche Vorteile. Sie sparen nicht nur Geld, indem Sie kostspielige professionelle Dienstleistungen vermeiden, sondern erwerben auch wertvolle Fähigkeiten, die Ihnen ein Leben lang von Nutzen sein werden. Das Gefühl der Zufriedenheit, das man bekommt, wenn man ein Projekt alleine abschließt, ist unübertroffen. Wenn Sie außerdem wissen, wie Ihr Zuhause funktioniert, können Sie künftigen Problemen vorbeugen und fundiertere Entscheidungen über Wartung und Verbesserungen treffen.

Was zu erwarten ist

Dieses Buch ist in acht Kapitel gegliedert, die sich jeweils auf einen anderen Bereich des

Hauses konzentrieren. Hier ein kurzer Überblick:

1. Badezimmer: Erfahren Sie, wie Sie häufige Badezimmerprobleme wie undichte Wasserhähne, verstopfte Abflüsse und Toilettenreparaturen lösen können. Außerdem erhalten Sie Tipps zur Fliesenpflege und zum Erhalt eines makellosen Zustands Ihres Badezimmers.

2. Küche: Von der Reparatur von Schrankscharnieren bis zur Wartung von Geräten behandelt dieses Kapitel alle wichtigen Küchenreparaturen. Sie erfahren, wie Sie dafür sorgen, dass Ihre Küche funktionsfähig bleibt und gut aussieht.

3. Wände, Decken und Böden: Ob es darum geht, Trockenbauwände auszubessern, quietschende Böden zu reparieren oder Wände neu zu streichen, in diesem Kapitel sind Sie genau richtig. Sie finden Schritt-für-Schritt-Anleitungen für verschiedene

Aufgaben, um die Oberflächen Ihres Zuhauses in Topform zu halten.

4. Möbel und Einrichtungsgegenstände: Entdecken Sie, wie Sie Ihre Möbel und Einrichtungsgegenstände reparieren und warten. Dieses Kapitel enthält Tipps zum Reparieren wackeliger Stühle, zum Ersetzen von Beleuchtungskörpern und zum Installieren von Regalen.

5. Gadgets: Die Fehlerbehebung in Steckdosen, die Reparatur von Türklingeln und die Einrichtung von Sicherheitssystemen für zu Hause sind nur einige der Themen, die in diesem Kapitel behandelt werden. Mit diesen praktischen Tipps sorgen Sie dafür, dass die Geräte Ihres Zuhauses reibungslos funktionieren.

6. Keller und Mechanik: Erfahren Sie, wie Sie wichtige mechanische Systeme in Ihrem Keller warten und reparieren. In diesem Kapitel werden Sumpfpumpen, Warmwasserbereiter, HVAC-Systeme und mehr behandelt.

7. Garage und Einfahrt: Halten Sie Ihre Garage und Einfahrt mit Tipps zum Reparieren von Garagentoren, zum Reparieren von Rissen in der Einfahrt und zur Organisation Ihres Raums in gutem Zustand. Dieses Kapitel enthält auch Hinweise zur Wartung von Werkzeugen und Geräten.

8. Garten: Von der Reparatur von Zäunen bis hin zum Bau von Terrassen – dieses Kapitel hilft Ihnen, dafür zu sorgen, dass Ihr Garten immer optimal aussieht. Außerdem finden Sie Tipps zur Wartung von Rasengeräten und Sprinkleranlagen.

Erste Schritte

Bevor Sie in die Projekte eintauchen, nehmen Sie sich etwas Zeit, um sich mit den Werkzeugen und Materialien vertraut zu machen, die Sie benötigen. Jedes Kapitel enthält eine Liste der wichtigsten Werkzeuge und Materialien sowie Sicherheitstipps, um sicherzustellen, dass Sie Ihre Projekte sicher und effektiv abschließen. Denken Sie daran, der Schlüssel zum erfolgreichen Heimwerken ist Vorbereitung und Geduld.

Sicherheit zuerst

Auch wenn Heimwerken sehr lohnend sein kann, ist es wichtig, der Sicherheit Priorität einzuräumen. Tragen Sie immer die entsprechende Schutzausrüstung, befolgen Sie die Anweisungen sorgfältig und zögern Sie nicht, professionelle Hilfe in Anspruch zu nehmen, wenn ein Projekt Ihre Fähigkeiten übersteigt. Dieses Buch soll Sie in die Lage versetzen, Reparaturen zu Hause selbst in die

Hand zu nehmen, doch Sicherheit sollte immer oberste Priorität haben.

Eine Reise des Lernens

„DIY Essentials: A Guide to Home Repairs" ist mehr als nur ein Buch; Es ist eine Einladung, sich auf eine Reise des Lernens und der Selbstverbesserung zu begeben. Während Sie die Kapitel durcharbeiten, gewinnen Sie Vertrauen in Ihre Fähigkeiten und entdecken die Freude, ein gepflegtes, schönes Zuhause zu schaffen.

Vielen Dank, dass Sie sich für diesen Leitfaden entschieden haben. Beginnen wir damit, Ihr Zuhause projektweise so gut wie möglich zu gestalten.

Kapitel 1: Badezimmer

Das Badezimmer ist einer der wichtigsten Räume in jedem Zuhause und unterliegt oft der größten Abnutzung. Von undichten Wasserhähnen bis hin zu verstopften Abflüssen – im Badezimmer gibt es eine Reihe häufiger Probleme, die mit dem richtigen Know-how leicht behoben werden können. In diesem Kapitel befassen wir uns mit einigen der häufigsten Badezimmerprobleme und deren Behebung, darunter das Reparieren von undichten Wasserhähnen, das Reinigen verstopfter Abflüsse, das Reparieren von Toiletten, das Ersetzen von Duschköpfen sowie das Abdichten und Verfugen von Fliesen.

1.1 Undichte Wasserhähne reparieren

Undichte Wasserhähne sind nicht nur ärgerlich, sondern können auch zu erheblicher Wasserverschwendung und höheren Stromrechnungen führen. Hier ist eine Schritt-für-Schritt-Anleitung zur Reparatur eines undichten Wasserhahns:

Benötigte Werkzeuge und Materialien:

- Rollgabelschlüssel

- Schraubendreher

- Ersatzscheiben oder O-Ringe

- Klempnerband

Schritte:

1. Wasserzufuhr abstellen: Suchen Sie die Absperrventile unter der Spüle und schließen Sie sie. Wenn keine individuellen Absperrventile

vorhanden sind, schalten Sie die Hauptwasserversorgung des Hauses ab.

2. Verschließen Sie den Abfluss des Abflusses: Verwenden Sie einen Abflussstopfen oder ein Tuch, um zu verhindern, dass kleine Teile in den Abfluss fallen.

3. Entfernen Sie den Wasserhahngriff: Je nach Wasserhahntyp benötigen Sie möglicherweise einen Schraubendreher oder einen Inbusschlüssel, um den Griff zu entfernen.

4. Zerlegen Sie den Wasserhahn: Lösen Sie die Packungsmutter mit einem verstellbaren Schraubenschlüssel und entfernen Sie dann den Schaft. Überprüfen Sie den O-Ring und die Unterlegscheibe. Dies sind häufig die Übeltäter eines undichten Wasserhahns.

5. Ersetzen Sie die Unterlegscheiben oder O-Ringe: Bringen Sie die alte Unterlegscheibe oder den alten O-Ring zum Baumarkt, um sicherzustellen, dass Sie die richtige Ersatzgröße

erhalten. Installieren Sie die neue Unterlegscheibe oder den neuen O-Ring und bauen Sie den Wasserhahn wieder zusammen.

6. Zusammenbauen und testen: Setzen Sie den Wasserhahn wieder zusammen, schalten Sie die Wasserversorgung ein und testen Sie den Wasserhahn, um sicherzustellen, dass das Leck behoben ist.

1.2 Verstopfte Abflüsse reinigen

Verstopfte Abflüsse sind ein häufiges Problem in Badezimmern und werden oft durch Haare, Seifenreste und andere Ablagerungen verursacht. So reinigen Sie einen Abfluss effektiv von Verstopfungen:

Benötigte Werkzeuge und Materialien:

- Kolben

- Abflussschlange (Klempnerschlange)

- Backpulver und Essig

- Kochendes Wasser

Schritte:

1. Kochendes Wasser: Gießen Sie kochendes Wasser in den Abfluss, um eventuelle Rückstände zu lösen.

2. Backpulver und Essig: Gießen Sie eine halbe Tasse Backpulver in den Abfluss und anschließend eine halbe Tasse Essig. Lassen Sie es 15 Minuten einwirken und spülen Sie es dann mit heißem Wasser aus.

3. Den Abfluss einstechen: Wenn die Verstopfung weiterhin besteht, verwenden Sie einen Stößel. Stellen Sie sicher, dass im Waschbecken oder in der Wanne genügend Wasser vorhanden ist, um die Tasse des Kolbens zu bedecken, und tauchen Sie dann kräftig ein.

4. Verwenden Sie eine Abflussschlange: Wenn das Eintauchen nicht funktioniert, führen Sie eine Abflussschlange in den Abfluss ein und drehen Sie sie, um die Verstopfung aufzubrechen oder zu entfernen. Ziehen Sie die Schlange heraus und entsorgen Sie alle Rückstände.

5. Spülen Sie den Abfluss: Nachdem Sie die Verstopfung beseitigt haben, spülen Sie den Abfluss mit heißem Wasser, um sicherzustellen, dass er vollständig frei ist.

1.3 Toiletten reparieren

Probleme mit der Toilette können von fließendem Wasser bis hin zu Verstopfungen und Undichtigkeiten reichen. So lösen Sie einige der häufigsten Toilettenprobleme:

Lauftoilette:

Benötigte Werkzeuge und Materialien:

- Ersatzklappe

- Rollgabelschlüssel

Schritte:

1. Wasserzufuhr abstellen: Ventil hinter der Toilette schließen.

2. Überprüfen Sie die Klappe: Öffnen Sie den Toilettenspülkasten und überprüfen Sie die Klappe. Wenn es abgenutzt oder beschädigt ist, dichtet es möglicherweise nicht richtig ab.

3. Ersetzen Sie die Klappe: Entfernen Sie die alte Klappe und installieren Sie eine neue. Stellen Sie sicher, dass eine ordnungsgemäße Abdichtung gewährleistet ist.

4. Testen Sie die Toilette: Drehen Sie die Wasserversorgung wieder auf und testen Sie die Toilette, um sicherzustellen, dass sie nicht mehr läuft.

Verstopfte Toilette:

Benötigte Werkzeuge und Materialien:

- Kolben

- Toilettenschnecke

Schritte:

1. Spülen Sie die Toilette aus: Verwenden Sie einen Toilettenkolben, um den Toilettenabfluss abzudichten, und tauchen Sie ihn kräftig ein.

2. Verwenden Sie eine Toilettenschnecke: Wenn das Eintauchen nicht funktioniert, führen Sie eine Toilettenschnecke in den Abfluss ein und drehen Sie sie, um die Verstopfung aufzulösen.

Ziehen Sie die Schnecke heraus und entsorgen Sie alle Rückstände.

Undichte Toilette:

Benötigte Werkzeuge und Materialien:

- Ersatz-Wachsring

- Rollgabelschlüssel

Schritte:

1. Wasserzufuhr abstellen: Ventil hinter der Toilette schließen.

2. Leeren Sie den Toilettentank: Spülen Sie die Toilette, um den Tank zu leeren.

3. Entfernen Sie die Toilette: Lösen Sie die Schrauben an der Unterseite der Toilette und heben Sie sie vom Boden ab.

4. Wachsring austauschen: Entfernen Sie den alten Wachsring und ersetzen Sie ihn durch einen neuen.

5. Installieren Sie die Toilette wieder: Platzieren Sie die Toilette wieder über dem neuen Wachsring, ziehen Sie die Schrauben fest und schalten Sie die Wasserversorgung wieder ein. Auf Undichtigkeiten prüfen.

1.4 Duschköpfe austauschen

Der Austausch eines alten Duschkopfs kann den Wasserdruck und die Effizienz verbessern. So ersetzen Sie einen Duschkopf:

Benötigte Werkzeuge und Materialien:

- Neuer Duschkopf
- Rollgabelschlüssel
- Klempnerband

Schritte:

1. Entfernen Sie den alten Duschkopf: Schrauben Sie den alten Duschkopf mit einem verstellbaren Schraubenschlüssel vom Duscharm ab.

2. Reinigen Sie die Gewinde: Entfernen Sie Schmutz oder altes Klebeband von den Gewinden des Duscharms.

3. Klempnerband anbringen: Wickeln Sie Klempnerband um das Gewinde des Duscharms, um eine dichte Abdichtung zu gewährleisten.

4. Installieren Sie den neuen Duschkopf: Schrauben Sie den neuen Duschkopf von Hand auf den Duscharm und ziehen Sie ihn dann mit dem Schraubenschlüssel leicht an. Achten Sie darauf, nicht zu fest anzuziehen.

5. Testen Sie den Duschkopf: Schalten Sie das Wasser ein und testen Sie den neuen Duschkopf,

um sicherzustellen, dass keine Undichtigkeiten vorliegen.

1.5 Fliesen abdichten und verfugen

Das richtige Abdichten und Verfugen ist für die Aufrechterhaltung einer wasserdichten Abdichtung Ihres Badezimmers unerlässlich. So verstemmen und verfugen Sie Fliesen effektiv:

Abdichten:

Benötigte Werkzeuge und Materialien:

- Kartuschenpistole

- Silikondichtmasse

- Allzweckmesser

- Malerband

- Glättungswerkzeug für Dichtungsmasse

Schritte:

1. Entfernen Sie die alte Dichtungsmasse: Entfernen Sie die alte Dichtungsmasse vorsichtig mit einem Universalmesser.

2. Reinigen Sie den Bereich: Stellen Sie sicher, dass der Bereich sauber und trocken ist, bevor Sie neue Dichtungsmasse auftragen.

3. Malerband anbringen: Bringen Sie Malerband auf beiden Seiten der Fuge an, um eine saubere Linie zu gewährleisten.

4. Neue Fugenmasse auftragen: Füllen Sie die Kartuschenpistole mit Silikondichtmasse und tragen Sie eine gleichmäßige Raupe entlang der Fuge auf.

5. Glätten Sie die Fugenmasse: Glätten Sie die Fugenmasse mit einem Glättwerkzeug oder Ihrem Finger. Entfernen Sie das Malerband, bevor die Fugenmasse trocknet.

Verfugung:

Benötigte Werkzeuge und Materialien:

- Fugenmörtel

- Fugenschwimmer

- Schwamm

- Eimer voll Wasser

Schritte:

1. Mischen Sie den Fugenmörtel: Befolgen Sie die Anweisungen des Herstellers, um den Fugenmörtel auf die richtige Konsistenz zu mischen.

2. Fugenmasse auftragen: Tragen Sie die Fugenmasse mit einem Fugenschwimmer auf die Fliesen auf und drücken Sie sie in die Fugen.

3. Überschüssigen Fugenmörtel entfernen: Halten Sie den Schwimmer in einem 45-Grad-Winkel und kratzen Sie überschüssigen Fugenmörtel von den Fliesenoberflächen ab.

4. Reinigen Sie die Fliesen: Wischen Sie nach etwa 15–30 Minuten mit einem feuchten Schwamm eventuelle Fugenschleier von den Fliesen ab.

5. Härten Sie den Fugenmörtel aus: Lassen Sie den Fugenmörtel gemäß den Anweisungen des Herstellers aushärten, bevor Sie das Badezimmer benutzen.

Wenn Sie diese Richtlinien befolgen, können Sie häufige Badezimmerreparaturen mit Zuversicht und Leichtigkeit durchführen und sicherstellen, dass Ihr Badezimmer funktionsfähig und in ausgezeichnetem Zustand bleibt.

Kapitel 2: Küche

Die Küche ist das Herzstück des Zuhauses, ein Ort, an dem Mahlzeiten zubereitet und Erinnerungen entstehen. Aufgrund der hohen Beanspruchung ist die Küche auch einem Verschleiß ausgesetzt. Von der Reparatur von Schrankscharnieren bis zur Reparatur von undichten Spülbecken führt Sie dieses Kapitel durch gängige Küchenreparaturen und hilft Ihnen, Ihre Küche in Top-Zustand zu halten.

2.1 Schrankscharniere und Schubladen reparieren

Durch häufigen Gebrauch können sich Schrankscharniere und Schubladen mit der Zeit lockern oder falsch ausgerichtet werden. So können Sie diese Probleme beheben:

Schrankscharniere reparieren:

Benötigte Werkzeuge und Materialien:

- Schraubendreher

- Holz Füllstoff

- Zahnstocher oder Streichhölzer

- Holzkleber

- Ersatzschrauben (falls erforderlich)

Schritte:

1. Schrauben festziehen: Ziehen Sie zunächst die Schrauben an den Scharnieren mit einem Schraubendreher fest. Oft genügt dies, um lose Scharniere zu reparieren.

2. Ersetzen Sie abgenutzte Schrauben: Wenn die Schrauben abgenutzt sind und sich nicht festziehen lassen, entfernen Sie sie und füllen Sie die Löcher mit Holzspachtel oder setzen Sie mit Holzleim beschichtete Zahnstocher ein. Lassen Sie die Spachtelmasse oder den Kleber

trocknen und setzen Sie dann die Schrauben wieder ein.

3. Scharniere einstellen: Wenn die Schranktür falsch ausgerichtet ist, stellen Sie die Scharniere ein. Die meisten modernen Scharniere verfügen über Schrauben, mit denen Sie die Tür vertikal, horizontal und in der Tiefe verstellen können.

4. Ersetzen Sie die Scharniere bei Bedarf: Wenn die Scharniere irreparabel beschädigt sind, ersetzen Sie sie durch neue. Achten Sie darauf, Scharniere zu wählen, die zu den vorhandenen Schraubenlöchern passen, oder bereiten Sie sich auf das Bohren neuer Löcher vor.

Schubladen reparieren:

Benötigte Werkzeuge und Materialien:

- Schraubendreher

- Holzkleber

- Klemmen

- Ersatzschubladenführungen (falls erforderlich)

Schritte:

1. Schrauben festziehen oder ersetzen: Wenn sich die Schublade locker anfühlt, überprüfen Sie die Schrauben, mit denen sie zusammengehalten wird, und ziehen Sie sie fest. Wenn Schrauben fehlen oder beschädigt sind, ersetzen Sie sie.

2. Verbindungen verstärken: Tragen Sie Holzleim auf alle losen Verbindungen auf und klemmen Sie sie fest, bis der Kleber trocknet, um die Schublade zu verstärken.

3. Schubladenführungen ersetzen: Wenn die Schublade nicht reibungslos gleitet, überprüfen Sie die Schubladenführungen. Reinigen Sie sie und schmieren Sie sie mit einem Spray auf

Silikonbasis. Wenn sie beschädigt sind, ersetzen Sie sie durch neue Folien.

2.2 Undichte Waschbecken reparieren

Ein undichtes Waschbecken kann zu Wasserschäden und höheren Stromrechnungen führen. So reparieren Sie ein undichtes Waschbecken:

Benötigte Werkzeuge und Materialien:

- Rollgabelschlüssel

- Klempnerband

- Ersatzscheiben oder -kartuschen (je nach Wasserhahntyp)

- Eimer

Schritte:

1. Identifizieren Sie das Leck: Stellen Sie fest, ob das Leck vom Wasserhahn, dem Abfluss des Waschbeckens oder den Wasseranschlüssen unter dem Waschbecken kommt.

2. Schalten Sie die Wasserversorgung ab: Schließen Sie die Ventile unter der Spüle oder die Hauptwasserversorgung des Hauses.

3. Reparieren Sie einen undichten Wasserhahn: Zerlegen Sie den Wasserhahn und ersetzen Sie bei Bedarf die Unterlegscheiben, O-Ringe oder Kartuschen. Bauen Sie den Wasserhahn wieder zusammen und kleben Sie Klebeband auf die Gewinde, um eine dichte Abdichtung zu gewährleisten.

4. Reparieren Sie einen undichten Abfluss: Wenn das Leck vom Abfluss kommt, ziehen Sie die Verbindungen fest. Wenn das Leck weiterhin besteht, zerlegen Sie den Abfluss, tragen Sie Klempnerspachtel auf den Spülbeckenflansch auf und bauen Sie ihn wieder zusammen.

5. Undichte Sanitäranschlüsse reparieren: Ziehen Sie die Anschlüsse unter der Spüle mit einem verstellbaren Schraubenschlüssel fest. Wenn das Leck weiterhin besteht, ersetzen Sie die fehlerhaften Teile und kleben Sie Klempnerband auf die Gewinde.

2.3 Verstopfungen bei der Müllentsorgung beseitigen

Ein verstopfter Mülleimer kann Ihren Küchenalltag stören. So befreien Sie es von der Verstopfung:

Benötigte Werkzeuge und Materialien:

- Innensechskantschlüssel (Innensechskantschlüssel)

- Zange oder Zange mit langem Griff

- Backpulver und Essig

- Kochendes Wasser

Schritte:

1. Schalten Sie den Strom aus: Ziehen Sie den Netzstecker aus der Müllabfuhr oder schalten Sie den Schutzschalter aus, um die Sicherheit zu gewährleisten.

2. Sichtbare Hindernisse entfernen: Verwenden Sie eine langstielige Zange oder Zange, um alle sichtbaren Rückstände aus der Entsorgung zu entfernen.

3. Verwenden Sie einen Inbusschlüssel: Führen Sie einen Inbusschlüssel in das Loch an der Unterseite des Entsorgungsbehälters ein und drehen Sie ihn hin und her, um die Klingen manuell zu drehen und eventuelle Verstopfungen zu lösen.

4. Mit Backpulver und Essig spülen: Gießen Sie eine halbe Tasse Backpulver und anschließend eine halbe Tasse Essig in den Abfall. Lassen Sie

es einige Minuten lang sprudeln und spülen Sie es dann mit kochendem Wasser ab.

5. Stellen Sie die Stromversorgung wieder her und testen Sie: Stecken Sie den Stecker wieder ein oder schalten Sie den Schutzschalter ein. Lassen Sie Wasser laufen und testen Sie die Entsorgung, um sicherzustellen, dass sie ordnungsgemäß funktioniert.

2.4 Backsplashes austauschen

Der Austausch einer Küchenrückwand kann Ihrer Küche ein frisches neues Aussehen verleihen. So ersetzen Sie es:

Benötigte Werkzeuge und Materialien:

- Allzweckmesser

- Stemmeisen

- Fliesenkleber oder Mastix

- Neue Backsplash-Fliesen

- Fliesenabstandshalter

- Fugenmörtel und Fugenschwimmer

- Schwamm

Schritte:

1. Entfernen Sie die alte Rückwandverkleidung: Schneiden Sie mit einem Universalmesser etwaige Dichtungsmasse oder Kleber an den Rändern der alten Rückwandverkleidung durch. Hebeln Sie die alten Fliesen oder Paneele vorsichtig mit einem Brecheisen ab.

2. Untergrund vorbereiten: Wand reinigen und Kleberreste entfernen. Stellen Sie sicher, dass die Oberfläche glatt und trocken ist.

3. Fliesenkleber auftragen: Fliesenkleber oder Mastix mit einer Zahnkelle auf die Wand auftragen.

4. Installieren Sie neue Fliesen: Drücken Sie die neuen Backsplash-Fliesen in den Kleber und verwenden Sie dabei Fliesenabstandshalter, um gleichmäßige Lücken zwischen den Fliesen zu gewährleisten.

5. Lassen Sie den Kleber aushärten: Befolgen Sie die Angaben des Herstellers zur Trocknungszeit.

6. Fliesen verfugen: Entfernen Sie die Fliesenabstandshalter und tragen Sie die Fugenmasse mit einem Fugenschwimmer auf. Überschüssige Fugenmasse mit einem feuchten Schwamm abwischen.

7. Versiegeln Sie die Fugenmasse: Sobald die Fugenmasse trocken ist, tragen Sie eine Fugenversiegelung auf, um sie vor Flecken und Feuchtigkeit zu schützen.

2.5 Geräte warten und reparieren

Regelmäßige Wartung kann die Lebensdauer Ihrer Küchengeräte verlängern und kostspielige Reparaturen verhindern. So warten und reparieren Sie gängige Küchengeräte:

Kühlschrank:

Wartungstipps:

- Reinigen Sie die Spulen: Auf den Kondensatorspulen können sich Staub und Schmutz ansammeln, wodurch der Kühlschrank stärker arbeitet. Reinigen Sie die Spulen mit einer Spulenbürste oder einem Staubsauger.

- Überprüfen Sie die Türdichtungen: Stellen Sie sicher, dass die Türdichtungen dicht und frei von Rissen sind. Ersetzen Sie beschädigte Dichtungen, um die Energieeffizienz aufrechtzuerhalten.

Häufige Reparaturen:

- Einen lauten Kühlschrank reparieren: Ziehen Sie alle losen Teile fest und stellen Sie sicher, dass der Kühlschrank waagerecht steht. Wenn das Geräusch weiterhin besteht, prüfen Sie, ob die Flügel des Verdampfer- oder Kondensatorlüfters blockiert sind.

- Wasserfilter austauschen: Die meisten Kühlschränke verfügen über einen austauschbaren Wasserfilter. Befolgen Sie die Anweisungen des Herstellers, um es regelmäßig auszutauschen.

Geschirrspüler:

Wartungstipps:

- Reinigen Sie den Filter: Entfernen und reinigen Sie den Filter des Geschirrspülers, um Verstopfungen zu vermeiden und einen effizienten Betrieb zu gewährleisten.

- Führen Sie einen Reinigungszyklus durch: Verwenden Sie einen Geschirrspülerreiniger oder eine Mischung aus Essig und Backpulver, um einen Reinigungszyklus durchzuführen und Ablagerungen zu entfernen.

Häufige Reparaturen:

- Reparatur eines undichten Geschirrspülers: Überprüfen Sie die Türdichtung und ersetzen Sie sie, wenn sie abgenutzt oder beschädigt ist.

Überprüfen Sie das Wassereinlassventil und die Schläuche auf Undichtigkeiten.

- Sprüharme befreien: Entfernen und reinigen Sie die Sprüharme, um sicherzustellen, dass sie nicht durch Schmutz verstopft sind.

Ofen/Herd:

Wartungstipps:

- Reinigen Sie den Backofen regelmäßig: Entfernen Sie Essensreste und Fett, um Rauch und Gerüche zu vermeiden.

- Überprüfen Sie die Brenner: Stellen Sie sicher, dass die Brenner sauber sind und ordnungsgemäß funktionieren. Ersetzen Sie beschädigte Brenner.

Häufige Reparaturen:

- Reparieren eines Ofens, der nicht heizt: Überprüfen Sie das Heizelement oder den Zünder und ersetzen Sie ihn bei Bedarf.

- Kalibrieren der Ofentemperatur: Wenn die Ofentemperatur uneinheitlich ist, verwenden Sie ein Ofenthermometer, um sie gemäß den Anweisungen des Herstellers zu überprüfen und zu kalibrieren.

Wenn Sie diese Richtlinien befolgen, können Sie Ihre Küche in ausgezeichnetem Zustand halten und sicherstellen, dass sie ein funktionaler und angenehmer Ort zum Kochen und Zusammensein bleibt.

Kapitel 3: Wände, Decken und Böden

Die Erhaltung der Integrität und des Aussehens Ihrer Wände, Decken und Böden ist entscheidend für das Gesamtbild und die Atmosphäre Ihres Zuhauses. Vom Ausbessern von Löchern in Trockenbauwänden bis zum Neuanstrich und Tapezieren führt Sie dieses Kapitel durch wichtige Reparatur- und Wartungsaufgaben.

3.1 Löcher in Trockenbauwänden ausbessern

Löcher in Trockenbauwänden kommen häufig vor, sei es durch versehentliche Beschädigung oder durch Montageteile. So patchen Sie sie effektiv:

Benötigte Werkzeuge und Materialien:

- Trockenbau-Patchset oder Trockenbau-Abfall

- Allzweckmesser

- Fugenmasse

- Spachtel

- Sandpapier

- Grundierung und Farbe

Schritte:

1. Bereiten Sie den Bereich vor: Entfernen Sie alle losen Rückstände aus dem Loch. Bei größeren Löchern schneiden Sie mit einem Universalmesser ein sauberes Quadrat oder Rechteck um die beschädigte Stelle.

2. Installieren Sie den Flicken: Für kleine Löcher verwenden Sie einen vorgefertigten Flicken aus

einem Trockenbau-Flickenset. Schneiden Sie bei größeren Löchern ein Stück Trockenbauwand zu, damit es in das Loch passt, und befestigen Sie es dann mit Trockenbauschrauben an den Bolzen oder verwenden Sie Klebepflaster.

3. Fugenmasse auftragen: Tragen Sie mit einem Spachtel die Fugenmasse auf den Flicken auf und verstreichen Sie dabei die Kanten, damit sie mit der umgebenden Wand verschmelzen. Lassen Sie es vollständig trocknen.

4. Schleifen und wiederholen: Schleifen Sie die getrocknete Masse glatt. Tragen Sie bei Bedarf eine zweite Schicht Spachtelmasse auf, glätten Sie die Kanten erneut und schleifen Sie sie nach dem Trocknen noch einmal.

5. Grundieren und streichen: Tragen Sie eine Grundierung auf den geflickten Bereich auf und streichen Sie dann passend zum Rest der Wand.

3.2 Risse in Decken reparieren

Risse in Decken können unansehnlich sein und auf zugrunde liegende Probleme hinweisen. So reparieren Sie sie:

Benötigte Werkzeuge und Materialien:

- Allzweckmesser
- Fugenmasse oder Spachtelmasse
- Spachtel
- Sandpapier
- Netzband (für größere Risse)
- Grundierung und Farbe

Schritte:

1. Riss vorbereiten: Mit einem Teppichmesser den Riss leicht aufweiten und loses Material entfernen. Dadurch haftet die Masse besser.

2. Netzband anbringen: Bei größeren Rissen Netzband über den Riss kleben, um die Reparatur zu verstärken.

3. Fugenmasse auftragen: Tragen Sie Fugenmasse oder Spachtelmasse mit einem Spachtel auf den Riss und das Klebeband auf und verstreichen Sie dabei die Kanten. Lassen Sie es vollständig trocknen.

4. Schleifen und wiederholen: Schleifen Sie die getrocknete Masse glatt. Bei Bedarf eine zweite Schicht auftragen und nach dem Trocknen erneut schleifen.

5. Grundieren und streichen: Tragen Sie eine Grundierung auf die reparierte Stelle auf und streichen Sie sie dann passend zum Rest der Decke.

3.3 Quietschende Böden reparieren

Quietschende Böden werden oft durch lose Dielen oder Probleme mit dem Unterboden verursacht. So können Sie lästige Quietschgeräusche zum Schweigen bringen:

Benötigte Werkzeuge und Materialien:

- Schrauben

- Schraubendreher oder Bohrer

- Unterlegscheiben aus Holz

- Hammer

- Holzkleber

Schritte:

1. Identifizieren Sie das Quietschen: Gehen Sie über den Boden, um die Quelle des Quietschens zu lokalisieren. Wenn möglich, lassen Sie jemanden auf dem Boden gehen, während Sie von unten zuhören.

2. Lose Dielen sichern: Wenn das Quietschen durch lose Dielen verursacht wird, schrauben Sie die Schrauben durch die Dielen in den Unterboden. Achten Sie darauf, nicht zu tief zu gehen, wenn Sie Teppichböden haben.

3. Verwenden Sie Unterlegscheiben für Lücken: Wenn zwischen dem Unterboden und den Balken eine Lücke vorhanden ist, klopfen Sie mit Holzleim beschichtete Holzunterlegscheiben in die Lücke, um Bewegungen zu vermeiden.

4. Zusätzliche Verstärkung: Wenn das Quietschen weiterhin besteht, sollten Sie über die Verwendung spezieller Bodenreparatursets nachdenken, die im Baumarkt erhältlich sind.

Diese enthalten abbrechbare Schrauben, mit denen Unterböden befestigt werden können, ohne die Dielen zu beschädigen.

3.4 Beschädigte Bodenfliesen ersetzen

Beschädigte Bodenfliesen können sowohl unansehnlich als auch gefährlich sein. So ersetzen Sie sie:

Benötigte Werkzeuge und Materialien:

- Ersatzfliesen
- Meißel und Hammer
- Zahnkelle
- Fliesenkleber
- Fugenmörtel
- Fugenschwimmer

- Schwamm

Schritte:

1. Entfernen Sie die beschädigte Fliese: Brechen Sie die beschädigte Fliese vorsichtig mit Meißel und Hammer auf und entfernen Sie sie. Achten Sie darauf, die umliegenden Fliesen nicht zu beschädigen.

2. Reinigen Sie den Bereich: Entfernen Sie alle Kleberreste und Rückstände vom Boden, um eine glatte Oberfläche für die neue Fliese zu gewährleisten.

3. Fliesenkleber auftragen: Fliesenkleber mit einer Zahnkelle auf dem Boden verteilen.

4. Installieren Sie die neue Fliese: Drücken Sie die Ersatzfliese in den Kleber und stellen Sie sicher, dass sie auf gleicher Höhe mit den umgebenden Fliesen ist. Lassen Sie den Kleber

gemäß den Anweisungen des Herstellers aushärten.

5. Verfugen Sie die Fliese: Tragen Sie mit einem Fugenmörtel Fugenmasse auf die Fugen rund um die neue Fliese auf. Überschüssige Fugenmasse mit einem feuchten Schwamm abwischen. Lassen Sie den Fugenmörtel gemäß den Anweisungen aushärten.

3.5 Neuanstrich und Tapezierarbeiten

Ein frischer Anstrich oder eine neue Tapete können einen Raum dramatisch verändern. So streichen oder tapezieren Sie effektiv:

Neulackierung:

Benötigte Werkzeuge und Materialien:

- Malen

- Erste

- Farbroller und Pinsel

- Malerband

- Tücher fallen lassen

- Sandpapier

Schritte:

1. Untergrund vorbereiten: Wände gründlich reinigen. Schleifen Sie alle rauen Stellen ab und füllen Sie alle Löcher oder Risse mit Spachtelmasse. Nach dem Trocknen glatt schleifen.

2. Oberflächen schützen: Verwenden Sie Malerband, um Zierleisten, Fußleisten und andere Bereiche zu schützen, die nicht gestrichen werden sollen. Legen Sie Tücher aus, um den Boden zu schützen.

3. Grundierung auftragen: Tragen Sie eine Schicht Grundierung auf, um eine gute Haftung der Farbe zu gewährleisten und eventuelle Flecken oder dunkle Farben abzudecken.

4. Farbe: Tragen Sie die Farbe großflächig mit Rollen und an Kanten und Ecken mit Pinseln auf. Lassen Sie die erste Schicht vollständig trocknen, bevor Sie bei Bedarf eine zweite Schicht auftragen.

Tapezieren:

Benötigte Werkzeuge und Materialien:

- Hintergrund

- Tapetenkleber (falls nicht vorgekleistert)

- Allzweckmesser

- Tapetenpinsel oder Glättwerkzeug

- Maßband

- Senklot

Schritte:

1. Bereiten Sie die Wände vor: Stellen Sie sicher, dass die Wände sauber, glatt und trocken sind. Entfernen Sie alte Tapeten und reparieren Sie eventuelle Schäden.

2. Messen und Zuschneiden: Messen Sie die Höhe der Wände und schneiden Sie die Tapetenstreifen zu, lassen Sie dabei ein paar Zentimeter mehr zum Beschneiden übrig.

3. Kleber auftragen: Wenn die Tapete nicht vorgekleistert ist, tragen Sie Tapetenkleber auf die Rückseite jedes Streifens auf. Falten Sie den Streifen (Buchung) und lassen Sie ihn einige Minuten ruhen.

4. Hängen Sie die Tapete auf: Stellen Sie mit einem Lot sicher, dass der erste Streifen perfekt vertikal ist. Richten Sie den Streifen am Lot aus und glätten Sie ihn an der Wand. Arbeiten Sie dabei von der Mitte nach außen, um Luftblasen zu entfernen.

5. Zuschneiden und fertigstellen: Schneiden Sie überschüssige Tapete oben und unten mit einem Universalmesser ab. Glätten Sie verbleibende Blasen mit einem Tapetenpinsel oder einem Glättwerkzeug.

Wenn Sie diese Schritte befolgen, können Sie das Erscheinungsbild Ihrer Wände, Decken und Böden erhalten und verbessern und sicherstellen, dass sie über Jahre hinweg in ausgezeichnetem Zustand bleiben.

Kapitel 4: Möbel und Einrichtungsgegenstände

Wenn Sie Ihre Möbel und Einrichtungsgegenstände in gutem Zustand halten, können Sie den Komfort und die Ästhetik Ihres Zuhauses steigern. In diesem Kapitel erfahren Sie, wie Sie wackelige Stühle und Tische reparieren, Kratzer und Dellen reparieren, Möbel neu beziehen, Leuchten austauschen und Regale und Aufbewahrungslösungen installieren.

4.1 Wackelige Stühle und Tische reparieren

Wackelige Stühle und Tische sind häufige Probleme, die mit ein paar einfachen Werkzeugen und Materialien leicht behoben werden können.

Benötigte Werkzeuge und Materialien:

- Schraubendreher

- Holzkleber

- Klemme

- Sandpapier

- Ersatzschrauben oder Halterungen (falls erforderlich)

Schritte:

1. Identifizieren Sie das Problem: Überprüfen Sie jedes Bein des Stuhls oder Tisches, um festzustellen, welches Bein das Wackeln verursacht. Ziehen Sie lose Schrauben oder Bolzen mit einem Schraubendreher fest.

2. Verbindungen neu verleimen: Wenn die Verbindungen locker sind, tragen Sie Holzleim

auf die Verbindungen auf und klemmen Sie sie fest, bis der Kleber vollständig getrocknet ist.

3. Stützklammern hinzufügen: Wenn sich das Problem nicht durch Anziehen der Schrauben und erneutes Kleben der Verbindungen lösen lässt, erwägen Sie das Anbringen von Metallklammern zur Verstärkung der Verbindungen. Schrauben Sie die Halterungen dort fest, wo die Beine auf den Rahmen treffen.

4. Schleifen und Finish: Bei Bedarf überschüssigen Kleber von den Fugen abschleifen und das Finish so ausbessern, dass es zum Rest der Möbel passt.

4.2 Kratzer und Dellen reparieren

Kratzer und Dellen können das Aussehen von Holzmöbeln beeinträchtigen. So reparieren Sie sie:

Benötigte Werkzeuge und Materialien:

- Holzspachtelmasse oder Wachsspachtelstifte

- Spachtel

- Sandpapier

- Holzbeize oder Ausbesserungsmarker

- Weiche Kleidung

Schritte:

1. Reinigen Sie den Bereich: Wischen Sie den Bereich um den Kratzer oder die Delle mit einem weichen Tuch ab, um Staub und Schmutz zu entfernen.

2. Füllen Sie den Kratzer oder die Delle auf: Verwenden Sie für flache Kratzer einen Wachsspachtelstift, der zur Farbe des Holzes passt. Reiben Sie mit dem Stäbchen über den Kratzer, bis dieser gefüllt ist. Bei tieferen Dellen Holzspachtelmasse verwenden. Tragen Sie die Spachtelmasse mit einem Spachtel auf und glätten Sie sie. Lassen Sie es vollständig trocknen.

3. Fläche schleifen: Sobald die Spachtelmasse trocken ist, schleifen Sie sie mit feinkörnigem Schleifpapier glatt.

4. Die Oberfläche ausbessern: Verwenden Sie einen Holzbeize oder einen Ausbesserungsmarker, um den reparierten

Bereich mit dem Rest der Möbel zu verschmelzen. Tragen Sie den Fleck auf und wischen Sie überschüssiges Material mit einem weichen Tuch ab.

4.3 Möbel neu beziehen

Das Neupolstern von Möbeln kann ihnen neues Leben einhauchen und ihr Aussehen und ihren Komfort verändern.

Benötigte Werkzeuge und Materialien:

- Polsterstoff

- Tacker und Heftklammern

- Polsterschaum oder Watte (falls erforderlich)

- Schere

- Schraubendreher

- Nadel und Faden (optional)

Schritte:

1. Entfernen Sie den alten Stoff: Entfernen Sie mit einem Schraubendreher alle Schrauben, mit denen der Stoff befestigt ist. Ziehen Sie den alten Stoff vorsichtig ab und achten Sie darauf, wie er befestigt wurde.

2. Ersetzen Sie die Polsterung: Wenn die Polsterung abgenutzt ist, ersetzen Sie sie durch neuen Polsterschaum oder neue Polsterwatte. Schneiden Sie es zu und befestigen Sie es.

3. Schneiden Sie den neuen Stoff zu: Legen Sie den neuen Stoff über die Möbel und schneiden Sie ihn auf die richtige Größe zu, sodass überschüssiges Material über die Kanten gefaltet werden kann.

4. Befestigen Sie den Stoff: Beginnen Sie in der Mitte einer Seite und befestigen Sie den Stoff

mit einem Tacker am Rahmen. Ziehen Sie den Stoff fest, arbeiten Sie sich herum und heften Sie den Stoff fest. Falten und verstauen Sie die Ecken sorgfältig.

5. Bauen Sie die Möbel wieder zusammen: Wenn Sie Schrauben oder Teile entfernt haben, bauen Sie die Möbel wieder zusammen und stellen Sie sicher, dass alles fest sitzt.

4.4 Leuchten austauschen

Der Austausch veralteter oder defekter Leuchten kann die Beleuchtung und den Stil eines Raumes verbessern.

Benötigte Werkzeuge und Materialien:

- Neue Leuchte

- Schraubendreher

- Drahtmuttern

- Spannungsprüfer

- Leiter (falls erforderlich)

Schritte:

1. Schalten Sie die Stromversorgung aus: Schalten Sie die Stromversorgung der Leuchte am Schutzschalter aus, um die Sicherheit zu gewährleisten.

2. Entfernen Sie die alte Halterung: Entfernen Sie mit einem Schraubendreher die Schrauben, mit denen die alte Halterung befestigt ist. Senken Sie das Gerät vorsichtig ab und trennen Sie die Kabel.

3. Installieren Sie die neue Leuchte: Befolgen Sie die Anweisungen des Herstellers, um die Kabel der neuen Leuchte mit den Kabeln in der Decke zu verbinden. Typischerweise umfasst dies den Anschluss von Schwarz an Schwarz (heiß), Weiß an Weiß (neutral) und Grün oder

blank an den Erdungsdraht. Sichern Sie die Verbindungen mit Drahtmuttern.

4. Montieren Sie die neue Leuchte: Befestigen Sie die neue Leuchte an der Deckenhalterung und befestigen Sie sie mit Schrauben. Stellen Sie sicher, dass es bündig mit der Decke abschließt und fest befestigt ist.

5. Schalten Sie den Strom ein: Stellen Sie die Stromversorgung am Schutzschalter wieder her und testen Sie die neue Leuchte, um sicherzustellen, dass sie ordnungsgemäß funktioniert.

4.5 Installation von Regalen und Aufbewahrungslösungen

Das Hinzufügen von Regalen und Aufbewahrungslösungen kann Ihnen dabei helfen, Ihren Raum zu organisieren und Ihre Lagerkapazität zu maximieren.

Benötigte Werkzeuge und Materialien:

- Regal oder Konsolen und Regale
- Bolzenfinder
- Ebene
- Bohrer und Schrauben
- Maßband
- Bleistift

Schritte:

1. Planen Sie das Layout: Entscheiden Sie, wo Sie die Regale installieren möchten, und messen Sie den Platz aus, um sicherzustellen, dass sie richtig passen.

2. Bolzen lokalisieren: Verwenden Sie einen Bolzensucher, um die Bolzen in der Wand zu lokalisieren. Markieren Sie die Bolzenpositionen mit einem Bleistift.

3. Halterungen installieren: Wenn Sie Halterungen verwenden, positionieren Sie diese an der Wand an der Stelle, an der sich die Bolzen befinden. Stellen Sie mit einer Wasserwaage sicher, dass sie gerade sind, und bohren Sie dann Schrauben in die Bolzen, um die Halterungen zu befestigen.

4. Regale montieren: Legen Sie die Regale auf die Halterungen und befestigen Sie diese bei Bedarf mit Schrauben. Befolgen Sie bei

vormontierten Regalen die Anweisungen des Herstellers zur Montage und Installation.

5. Sorgen Sie für Stabilität: Überprüfen Sie, ob die Regale eben und sicher an der Wand befestigt sind. Nehmen Sie alle notwendigen Anpassungen vor, um Stabilität und Sicherheit zu gewährleisten.

Wenn Sie diese Schritte befolgen, können Sie Ihre Möbel und Einrichtungsgegenstände in ausgezeichnetem Zustand halten und so die Funktionalität und das Erscheinungsbild Ihres Zuhauses verbessern.

Kapitel 5: Gadgets

Moderne Häuser sind mit verschiedenen Geräten ausgestattet, die Komfort, Sicherheit und Komfort erhöhen. Wenn Sie wissen, wie Sie Fehler bei diesen Geräten beheben und reparieren, können Sie Zeit und Geld sparen und sicherstellen, dass Ihr Zuhause reibungslos funktioniert. In diesem Kapitel geht es um die Fehlerbehebung bei Steckdosen, die Reparatur von Türklingeln, die Reparatur oder den Austausch von Thermostaten, die Einrichtung von Sicherheitssystemen für das Haus und die Wartung von Smart-Home-Geräten.

5.1 Fehlerbehebung bei Steckdosen

Gelegentlich kann es zu Fehlfunktionen von Steckdosen kommen, die Unannehmlichkeiten oder sogar Sicherheitsrisiken verursachen. Hier erfahren Sie, wie Sie häufige Probleme beheben und beheben können.

Benötigte Werkzeuge und Materialien:

- Spannungsprüfer oder Multimeter
- Schraubendreher
- Ersatzsteckdose (falls erforderlich)
- Abisolierzangen
- Isolierband

Schritte:

1. Steckdose testen: Prüfen Sie mit einem Spannungsprüfer oder Multimeter, ob die Steckdose mit Strom versorgt wird. Stecken Sie die Prüfspitzen in die Schlitze der Steckdose. Wenn kein Messwert angezeigt wird, wird die Steckdose nicht mit Strom versorgt.

2. Überprüfen Sie den Schutzschalter: Wenn die Steckdose keinen Strom erhält, überprüfen Sie das Schutzschalterfeld, um festzustellen, ob ein Schutzschalter ausgelöst hat. Setzen Sie alle ausgelösten Schutzschalter zurück.

3. Überprüfen Sie die Verkabelung: Schalten Sie die Steckdose am Leistungsschalter aus. Entfernen Sie die Steckdosenabdeckung und schrauben Sie die Steckdose vom Wandkasten ab. Überprüfen Sie die Kabelverbindungen, um sicherzustellen, dass sie sicher sind. Wenn Drähte locker oder beschädigt sind, entfernen Sie die Isolierung und schließen Sie sie wieder fest an.

4. Ersetzen Sie die Steckdose: Wenn die Steckdose immer noch nicht funktioniert, ersetzen Sie sie durch eine neue. Trennen Sie die Kabel von der alten Steckdose und schließen Sie sie an die neue Steckdose an. Achten Sie dabei darauf, dass die Kabelfarben den entsprechenden Anschlüssen entsprechen. Befestigen Sie die

Steckdose im Mauerkasten und setzen Sie die Abdeckung wieder auf.

5. Stromversorgung wiederherstellen und testen: Schalten Sie die Stromversorgung am Leistungsschalter wieder ein und testen Sie die Steckdose mit dem Spannungsprüfer, um sicherzustellen, dass sie ordnungsgemäß funktioniert.

5.2 Türklingeln reparieren

Eine nicht funktionierende Türklingel kann ein kleines Ärgernis sein, lässt sich aber in der Regel leicht beheben.

Benötigte Werkzeuge und Materialien:

- Schraubendreher

- Spannungsprüfer oder Multimeter

- Ersatz-Klingelknopf oder Klingelknopf (falls erforderlich)

- Abisolierzangen

Schritte:

1. Überprüfen Sie den Türklingelknopf: Entfernen Sie den Türklingelknopf von der Wand und prüfen Sie die Stromversorgung mit einem Spannungsprüfer. Wenn kein Strom

vorhanden ist, ist der Knopf möglicherweise defekt und muss ersetzt werden.

2. Überprüfen Sie die Verkabelung: Wenn die Taste in Ordnung ist, überprüfen Sie die Kabelverbindungen an der Taste und der Glockeneinheit. Stellen Sie sicher, dass alle Drähte sicher angeschlossen und nicht beschädigt sind.

3. Testen Sie die Glocke: Wenn die Verkabelung intakt ist, testen Sie die Glockeneinheit. Verwenden Sie einen Spannungsprüfer, um zu prüfen, ob die Glocke beim Drücken der Taste mit Strom versorgt wird. Wenn Strom anliegt, aber kein Ton zu hören ist, ist die Glockeneinheit möglicherweise defekt und muss ausgetauscht werden.

4. Ersetzen Sie fehlerhafte Komponenten: Ersetzen Sie alle fehlerhaften Komponenten (Knopf oder Klingel) und schließen Sie die Verkabelung wieder an. Befestigen Sie die Komponenten an Ort und Stelle.

5. Testen Sie die Türklingel: Drücken Sie die Taste, um die Türklingel zu testen und sicherzustellen, dass sie ordnungsgemäß funktioniert.

5.3 Reparieren oder Ersetzen von Thermostaten

Ein defekter Thermostat kann zu Heiz- und Kühlproblemen in Ihrem Zuhause führen. Hier erfahren Sie, wie Sie es reparieren oder ersetzen.

Benötigte Werkzeuge und Materialien:

- Schraubendreher

- Spannungsprüfer oder Multimeter

- Ersatzthermostat (falls erforderlich)

- Kabeletiketten oder Klebeband

Schritte:

1. Überprüfen Sie die Stromversorgung: Stellen Sie sicher, dass der Thermostat Strom erhält, indem Sie den Schutzschalter oder den Sicherungskasten überprüfen. Setzen Sie alle ausgelösten Schutzschalter zurück.

2. Überprüfen Sie die Verkabelung: Schalten Sie die Stromversorgung des HVAC-Systems aus. Entfernen Sie die Thermostatabdeckung und überprüfen Sie die Kabelverbindungen. Stellen Sie sicher, dass alle Drähte sicher angeschlossen und nicht beschädigt sind.

3. Testen Sie den Thermostat: Prüfen Sie mit einem Spannungsprüfer, ob an den Thermostatklemmen Strom anliegt. Wenn kein Strom vorhanden ist, ist möglicherweise der Thermostat defekt und muss ausgetauscht werden.

4. Ersetzen Sie den Thermostat: Beschriften Sie die Kabel, bevor Sie sie abklemmen, um sicherzustellen, dass sie ordnungsgemäß wieder

angeschlossen werden. Entfernen Sie den alten Thermostat und installieren Sie den neuen gemäß den Anweisungen des Herstellers. Schließen Sie die Drähte wieder an die entsprechenden Klemmen an.

5. Stromversorgung wiederherstellen und testen: Schalten Sie die Stromversorgung wieder ein und testen Sie den Thermostat, um sicherzustellen, dass er ordnungsgemäß funktioniert.

5.4 Einrichten von Heimsicherheitssystemen

Ein Heimsicherheitssystem bietet Sicherheit, indem es Ihr Zuhause vor Eindringlingen schützt. Hier erfahren Sie, wie Sie eines einrichten.

Benötigte Werkzeuge und Materialien:

- Haussicherheitssystem-Kit

- Schraubendreher

- Bohren (falls erforderlich)

- Leiter (falls erforderlich)

Schritte:

1. Planen Sie das Layout: Bestimmen Sie die besten Standorte für Sensoren, Kameras und das Bedienfeld. Zu den üblichen Standorten gehören Eingangsbereiche, Flure und Hauptwohnbereiche.

2. Installieren Sie das Bedienfeld: Montieren Sie das Bedienfeld an einer zentralen, zugänglichen Stelle. Befolgen Sie die Anweisungen des Herstellers zur Installation und zum Anschluss an die Stromversorgung.

3. Tür- und Fenstersensoren installieren: Sensoren mit Schrauben oder Klebestreifen an Türen und Fenstern befestigen. Stellen Sie sicher, dass die Sensoren für einen ordnungsgemäßen Betrieb richtig ausgerichtet sind.

4. Installieren Sie Bewegungsmelder und Kameras: Montieren Sie Bewegungsmelder und Kameras an strategischen Orten, beispielsweise an Eingängen und in stark frequentierten Bereichen. Stellen Sie sicher, dass sie freie Sicht auf den zu überwachenden Bereich haben.

5. Anschließen und Testen des Systems: Befolgen Sie die Anweisungen des Herstellers, um alle Komponenten an das Bedienfeld

anzuschließen. Testen Sie jeden Sensor, jede Kamera und das Bedienfeld, um sicherzustellen, dass sie ordnungsgemäß funktionieren.

5.5 Wartung von Smart-Home-Geräten

Die Wartung von Smart-Home-Geräten stellt sicher, dass sie ordnungsgemäß funktionieren und Komfort und Effizienz bieten. So halten Sie sie in gutem Zustand.

Benötigte Werkzeuge und Materialien:

- Benutzerhandbücher für Smart-Geräte

- Internetverbindung

- Schraubendreher (falls erforderlich)

- Reinigungsmittel

Schritte:

1. Firmware und Software aktualisieren: Suchen Sie regelmäßig nach Firmware- und Software-Updates für Ihre Smart-Home-Geräte. Durch die Aktualisierung wird sichergestellt, dass sie über die neuesten Funktionen und Sicherheitspatches verfügen.

2. Verbindungen prüfen: Stellen Sie sicher, dass alle Geräte mit Ihrem Heimnetzwerk verbunden sind und ordnungsgemäß funktionieren. Schließen Sie alle Geräte wieder an, die ihre Verbindung verloren haben.

3. Geräte reinigen: Staub und Schmutz können die Leistung von Smart-Home-Geräten beeinträchtigen. Reinigen Sie sie regelmäßig mit geeigneten Reinigungsmitteln, um sie in gutem Zustand zu halten.

4. Tests und Fehlerbehebung: Testen Sie jedes Smart-Gerät regelmäßig, um sicherzustellen, dass es ordnungsgemäß funktioniert. Wenn Probleme auftreten, finden Sie Tipps zur

Fehlerbehebung im Benutzerhandbuch oder auf der Website des Herstellers.

5. Batterien austauschen: Tauschen Sie bei batteriebetriebenen Geräten die Batterien nach Bedarf aus, um einen unterbrechungsfreien Betrieb zu gewährleisten.

Wenn Sie diese Schritte befolgen, können Sie die Geräte Ihres Zuhauses in Topform halten und so die Sicherheit, den Komfort und die Bequemlichkeit Ihres Wohnraums erhöhen.

Kapitel 6: Keller und Mechanik

Keller und mechanische Systeme sind das Rückgrat eines gut funktionierenden Hauses und beherbergen häufig wichtige Komponenten wie Sumpfpumpen, Warmwasserbereiter und HVAC-Systeme. Durch die ordnungsgemäße Wartung und Reparatur dieser Elemente können kostspielige Schäden verhindert und ein effizienter Betrieb Ihres Hauses sichergestellt werden. In diesem Kapitel geht es um die Reparatur von Sumpfpumpen, die Reparatur von Warmwasserbereitern, die Isolierung von Rohren, die Wartung von HVAC-Systemen und die Abdichtung des Kellers.

6.1 Sumpfpumpen reparieren

Um eine Überflutung des Kellers zu verhindern, ist eine Sumpfpumpe unerlässlich. Hier erfahren

Sie, wie Sie häufige Probleme mit Ihrer Sumpfpumpe beheben und beheben können.

Benötigte Werkzeuge und Materialien:

- Schraubendreher

- Gartenschlauch

- Ersatzteile (falls erforderlich)

- Eimer

- Klempnerband

Schritte:

1. Überprüfen Sie die Stromversorgung: Stellen Sie sicher, dass die Sumpfpumpe angeschlossen ist und Strom erhält. Testen Sie die Steckdose mit einem anderen Gerät, um sicherzustellen, dass sie funktioniert. Wenn die Pumpe keinen Strom erhält, überprüfen Sie den Schutzschalter.

2. Überprüfen Sie die Pumpe: Entfernen Sie die Sumpfpumpe aus der Grube und überprüfen Sie sie auf Schmutz oder Hindernisse. Reinigen Sie die Pumpe und den Schacht gründlich.

3. Testen Sie den Schwimmerschalter: Der Schwimmerschalter aktiviert die Pumpe, wenn der Wasserstand steigt. Testen Sie den Schalter, indem Sie ihn manuell anheben. Wenn sich die Pumpe nicht einschaltet, muss möglicherweise der Schalter ausgetauscht werden.

4. Überprüfen Sie das Abflussrohr: Stellen Sie sicher, dass das Abflussrohr frei von Hindernissen ist. Benutzen Sie einen Gartenschlauch, um eventuelle Rückstände auszuspülen.

5. Defekte Teile ersetzen: Wenn die Pumpe immer noch nicht funktioniert, ersetzen Sie alle defekten Komponenten wie Schwimmerschalter oder Laufrad. Verwenden Sie Klempnerband, um alle Verbindungen abzudichten.

6.2 Warmwasserbereiter reparieren

Ein defekter Warmwasserbereiter kann unangenehm sein und Ihren Alltag beeinträchtigen. Hier erfahren Sie, wie Sie häufige Probleme mit Warmwasserbereitern beheben können.

Benötigte Werkzeuge und Materialien:

- Schraubendreher

- Multimeter

- Ersatzheizelement (falls erforderlich)

- Gartenschlauch

- Eimer

Schritte:

1. Überprüfen Sie die Stromversorgung: Stellen Sie bei elektrischen Warmwasserbereitern sicher,

dass die Stromversorgung eingeschaltet ist und der Schutzschalter nicht ausgelöst hat. Überprüfen Sie bei Gaswarmwasserbereitern, ob die Kontrolllampe leuchtet.

2. Überprüfen Sie den Thermostat: Prüfen Sie den Thermostat mit einem Multimeter auf Durchgang. Wenn es defekt ist, ersetzen Sie es durch ein neues.

3. Überprüfen Sie die Heizelemente: Schalten Sie den Warmwasserbereiter aus. Verwenden Sie ein Multimeter, um die Heizelemente auf Durchgang zu prüfen. Wenn ein Element defekt ist, entleeren Sie den Warmwasserbereiter, entfernen Sie das Element und ersetzen Sie es durch ein neues.

4. Spülen Sie den Tank: Sedimentablagerungen können die Effizienz beeinträchtigen. Entleeren Sie den Tank mit einem Gartenschlauch, der an das Ablassventil angeschlossen ist. Spülen Sie den Tank, bis das Wasser klar ist.

5. Zünden Sie die Zündflamme wieder an: Bei Gaswarmwasserbereitern zünden Sie die Zündflamme gemäß den Anweisungen des Herstellers wieder an, wenn sie erloschen ist.

6.3 Isolieren von Rohren

Die Isolierung von Rohren kann Wärmeverluste verhindern und sie bei kaltem Wetter vor dem Einfrieren schützen. So isolieren Sie Ihre Rohre effektiv.

Benötigte Werkzeuge und Materialien:

- Rohrisolierung (Schaum oder Glasfaser)
- Allzweckmesser
- Maßband
- Kabelbinder oder Klebeband

Schritte:

1. Messen Sie die Rohre: Bestimmen Sie mit einem Maßband die Länge und den Durchmesser der Rohre, die Sie isolieren müssen.

2. Isolierung zuschneiden: Schneiden Sie die Rohrisolierung mit einem Universalmesser auf die entsprechende Länge zu. Stellen Sie sicher, dass die Isolierung eng um die Rohre passt.

3. Installieren Sie die Isolierung: Legen Sie die Isolierung um die Rohre herum und achten Sie darauf, dass keine Lücken entstehen. Zur Schaumisolierung einfach einrasten. Wickeln Sie die Glasfaserisolierung um die Rohre und befestigen Sie sie mit Kabelbindern oder Klebeband.

4. Fugen und Ecken abdichten: Fugen und Ecken mit zusätzlichen Dämmstücken abdecken. Stellen Sie sicher, dass alle Bereiche vollständig abgedeckt sind, um Wärmeverlust und Gefrieren zu verhindern.

6.4 Wartung von HVAC-Systemen

Regelmäßige HVAC-Wartung kann die Effizienz verbessern und die Lebensdauer Ihres Systems verlängern. So warten Sie Ihr HVAC-System.

Benötigte Werkzeuge und Materialien:

- Schraubendreher

- Staubsauger

- Ersatzluftfilter

- Flossenkamm

- Spulenreiniger

Schritte:

1. Schalten Sie die Stromversorgung aus: Schalten Sie die Stromversorgung des HVAC-Systems am Leistungsschalter aus, um die Sicherheit zu gewährleisten.

2. Luftfilter austauschen: Suchen Sie den Luftfilter und ersetzen Sie ihn durch einen neuen. Dies sollte je nach Nutzung alle 1–3 Monate erfolgen.

3. Reinigen Sie die Spulen: Entfernen Sie die Zugangsabdeckung zu den Verdampferspulen. Verwenden Sie einen Staubsauger, um Staub und Schmutz zu entfernen. Besprühen Sie die Spulen mit einem Spulenreiniger und lassen Sie ihn die empfohlene Zeit lang einwirken, bevor Sie ihn abspülen.

4. Lamellen prüfen und reinigen: Überprüfen Sie die Lamellen der Kondensatoreinheit auf Beschädigungen oder Verschmutzungen. Verwenden Sie einen Flossenkamm, um verbogene Flossen zu glätten und eventuelle Rückstände zu entfernen.

5. Reinigen Sie die Abflussleitung: Suchen Sie die Kondensatabflussleitung und stellen Sie sicher, dass sie nicht verstopft ist. Verwenden

Sie einen Nass-/Trockensauger, um eventuelle Verstopfungen zu beseitigen.

6.5 Abdichtung des Kellers

Durch die Abdichtung Ihres Kellers können Wasserschäden und Schimmelbildung verhindert werden. So machen Sie Ihren Keller effektiv wasserdicht.

Benötigte Werkzeuge und Materialien:

- Imprägnierende Farbe oder Versiegelung
- Farbroller oder Pinsel
- Kartuschenpistole
- Silikondichtmasse
- Luftentfeuchter

Schritte:

1. Auf Risse prüfen: Überprüfen Sie die Kellerwände und -böden auf Risse oder Löcher. Verwenden Sie Silikondichtmasse und eine Kartuschenpistole, um eventuelle Lücken zu füllen.

2. Imprägnierende Farbe auftragen: Tragen Sie eine Schicht wasserfester Farbe oder Versiegelung auf die Wände und Böden auf. Verwenden Sie einen Farbroller oder Pinsel, um eine gleichmäßige Abdeckung zu gewährleisten. Lassen Sie es vollständig trocknen, bevor Sie bei Bedarf eine zweite Schicht auftragen.

3. Installieren Sie einen Luftentfeuchter: Platzieren Sie einen Luftentfeuchter im Keller, um die Luftfeuchtigkeit zu senken und Schimmelbildung vorzubeugen. Stellen Sie sicher, dass es die richtige Größe für den Bereich hat.

4. Dachrinnen und Fallrohre warten: Stellen Sie sicher, dass Dachrinnen und Fallrohre frei von Schmutz sind und das Wasser vom Fundament

wegleitet. Verlängern Sie die Fallrohre mindestens 6 Fuß vom Fundament entfernt.

5. Überprüfen Sie die Sumpfpumpe: Stellen Sie sicher, dass Ihre Sumpfpumpe ordnungsgemäß funktioniert, um Wasseransammlungen zu vermeiden. Testen Sie es regelmäßig und führen Sie bei Bedarf Wartungsarbeiten durch.

Wenn Sie diese Schritte befolgen, können Sie Ihren Keller und Ihre mechanischen Systeme in Topform halten, Schäden verhindern und sicherstellen, dass Ihr Zuhause effizient funktioniert.

Kapitel 7: Garage und Auffahrt

Die Garage und die Einfahrt sind wesentliche Teile Ihres Hauses, die häufig gewartet und organisiert werden müssen. Die Behandlung dieser Bereiche kann sowohl die Funktionalität als auch die Attraktivität verbessern. In diesem Kapitel geht es um die Reparatur von Garagentoren und -öffnern, die Reparatur von Einfahrtsrissen, die Installation von Aufbewahrungslösungen, die Wartung von Werkzeugen und Geräten sowie die Organisation der Garage.

7.1 Garagentore und -öffner reparieren

Ein ordnungsgemäß funktionierendes Garagentor und ein ordnungsgemäß funktionierender Garagentorantrieb sind für Sicherheit und Komfort von entscheidender

Bedeutung. Hier erfahren Sie, wie Sie häufig auftretende Probleme beheben und beheben.

Benötigte Werkzeuge und Materialien:

- Schraubendreher

- Schraubenschlüsselset

- Gleitmittelspray

- Ersatzteile (falls erforderlich)

- Leiter

Schritte:

1. Überprüfen Sie die Tür und die Schienen: Überprüfen Sie die Tür auf sichtbare Schäden oder Fehlausrichtung. Untersuchen Sie die Schienen auf Schmutz und reinigen Sie sie gründlich.

2. Beschläge festziehen: Verwenden Sie einen Schraubenschlüsselsatz, um alle losen Bolzen und Schrauben an der Tür und den Schienen festzuziehen.

3. Bewegliche Teile schmieren: Tragen Sie ein Schmiermittelspray auf die Rollen, Scharniere und Schienen auf, um einen reibungslosen Betrieb zu gewährleisten.

4. Überprüfen Sie den Öffner: Wenn sich die Tür nicht richtig öffnet oder schließt, überprüfen Sie die Stromversorgung des Öffners und die Batterien der Fernbedienung. Stellen Sie sicher, dass die Sicherheitssensoren ausgerichtet und frei von Hindernissen sind.

5. Fehlerhafte Teile ersetzen: Wenn die Tür oder der Öffner immer noch nicht richtig funktioniert, ersetzen Sie alle fehlerhaften Komponenten wie Federn, Kabel oder die Öffnereinheit. Befolgen Sie zur Installation die Anweisungen des Herstellers.

7.2 Risse in der Auffahrt reparieren

Risse in Ihrer Einfahrt können zu größeren Problemen führen, wenn sie nicht behoben werden. Hier erfahren Sie, wie Sie sie effektiv reparieren.

Benötigte Werkzeuge und Materialien:

- Rissfüller oder Flickmasse

- Drahtbürste

- Hochdruckreiniger oder Gartenschlauch

- Kelle

- Dichtmittel

Schritte:

1. Reinigen Sie die Risse: Entfernen Sie Rückstände aus den Rissen mit einer Drahtbürste. Reinigen Sie den Bereich gründlich

mit einem Hochdruckreiniger oder Gartenschlauch und lassen Sie ihn trocknen.

2. Risse füllen: Rissfüller oder Spachtelmasse mit einer Kelle auf die Risse auftragen. Glätten Sie die Oberfläche, um sicherzustellen, dass sie auf gleicher Höhe mit der umgebenden Auffahrt ist.

3. Trocknen lassen: Lassen Sie den Spachtel oder die Masse gemäß den Anweisungen des Herstellers trocknen.

4. Dichtmasse auftragen: Sobald die Spachtelmasse trocken ist, tragen Sie eine Dichtmasse auf die gesamte Auffahrt auf, um sie vor weiteren Schäden zu schützen. Lassen Sie die Versiegelung vollständig aushärten, bevor Sie die Auffahrt nutzen.

7.3 Speicherlösungen installieren

Effektive Aufbewahrungslösungen können den Platz in Ihrer Garage maximieren und für Ordnung sorgen. So installieren Sie sie.

Benötigte Werkzeuge und Materialien:

- Regale oder Wandregale
- Stecktafel und Haken
- Lagerbehälter
- Schraubendreher oder Bohrer
- Maßband

Schritte:

1. Planen Sie Ihr Layout: Bestimmen Sie die besten Standorte für Regale, Stecktafeln und

Lagerkästen. Überlegen Sie, welche Gegenstände Sie aufbewahren müssen und wie oft Sie darauf zugreifen müssen.

2. Regale installieren: Messen und markieren Sie die Standorte für Ihre Regale oder Wandregale. Befestigen Sie sie mit einem Bohrer an den Wänden und stellen Sie sicher, dass sie eben und stabil sind.

3. Stecktafel installieren: Befestigen Sie eine Stecktafel mit Schrauben oder Wandankern an einem Wandabschnitt. Fügen Sie Haken und Kleiderbügel hinzu, um Werkzeuge und andere Gegenstände aufzubewahren.

4. Lagerbehälter verwenden: Beschriften und organisieren Sie Lagerbehälter für Gegenstände wie saisonale Dekorationen, Sportgeräte und Gartengeräte. Stapeln Sie sie ordentlich auf Regalen oder auf dem Boden.

5. Optimieren Sie den vertikalen Raum: Verwenden Sie an der Decke montierte

Gepäckträger oder Haken, um größere Gegenstände wie Fahrräder oder Leitern aufzubewahren.

7.4 Wartung von Werkzeugen und Geräten

Durch die ordnungsgemäße Wartung von Werkzeugen und Geräten wird sichergestellt, dass diese länger halten und effizient arbeiten. So halten Sie sie in gutem Zustand.

Benötigte Werkzeuge und Materialien:

- Reinigungstücher

- Gleitmittelspray

- Rostentferner

- Schärfwerkzeuge

- Lagerbehälter

Schritte:

1. Reinigen Sie die Werkzeuge nach dem Gebrauch: Wischen Sie die Werkzeuge nach jedem Gebrauch mit einem Reinigungstuch ab, um Schmutz und Ablagerungen zu entfernen. Verwenden Sie bei Elektrowerkzeugen Druckluft, um schwer zugängliche Stellen zu reinigen.

2. Bewegliche Teile schmieren: Tragen Sie ein Schmiermittelspray auf bewegliche Teile wie Scharniere, Zahnräder und Klingen auf, um Rost zu verhindern und einen reibungslosen Betrieb zu gewährleisten.

3. Rost entfernen: Entfernen Sie Rostflecken auf Metallwerkzeugen mit einem Rostentferner. Tragen Sie eine Schutzschicht auf, um zukünftiges Rosten zu verhindern.

4. Messer schärfen: Schärfen Sie die Messer von Werkzeugen wie Rasenmähern, Gartenscheren

und Sägen regelmäßig, um ihre Wirksamkeit zu erhalten.

5. Ordnungsgemäß lagern: Bewahren Sie Werkzeuge an einem trockenen, organisierten Ort auf, um Beschädigungen und Rost zu vermeiden. Verwenden Sie Aufbewahrungsbehälter oder Werkzeugkästen, um sie leicht zugänglich und geschützt aufzubewahren.

7.5 Organisation der Garage

Eine organisierte Garage erhöht die Funktionalität und erleichtert das Auffinden und den Zugriff auf Gegenstände. So organisieren Sie Ihre Garage effektiv.

Benötigte Werkzeuge und Materialien:

- Regaleinheiten

- Stecktafel und Haken

- Lagerbehälter

- Etiketten

- Werkbank

Schritte:

1. Aufräumen: Beginnen Sie damit, die Garage aufzuräumen. Sortieren Sie Artikel in Kategorien wie Werkzeuge, Sportgeräte und Saisonartikel. Entsorgen oder spenden Sie Gegenstände, die Sie nicht mehr benötigen.

2. Zonen erstellen: Legen Sie bestimmte Bereiche für verschiedene Artikelkategorien fest. Erstellen Sie beispielsweise einen Werkzeugbereich, einen Gartenbereich und einen Sportgerätebereich.

3. Installieren Sie Regale und Lagerung: Verwenden Sie Regale, Stecktafeln und Lagerkästen, um die Gegenstände organisiert zu

halten. Beschriften Sie die Lagerbehälter zur einfachen Identifizierung.

4. Maximieren Sie den vertikalen Raum: Verwenden Sie wandmontierte Regale und Haken, um Gegenstände über dem Boden aufzubewahren. Deckenmontierte Regale können für größere Gegenstände wie Kajaks oder Lagerbehälter verwendet werden.

5. Richten Sie eine Werkbank ein: Wenn Sie Ihre Garage für Projekte nutzen, stellen Sie eine Werkbank mit ausreichender Beleuchtung und Stauraum für häufig verwendete Werkzeuge auf.

Wenn Sie diese Schritte befolgen, können Sie die Funktionalität Ihrer Garage und Einfahrt aufrechterhalten und verbessern und so Ihr Zuhause organisierter und effizienter gestalten.

Kapitel 8: Hof

Ein gut gepflegter Garten steigert die Attraktivität Ihres Hauses und sorgt für einen angenehmen Außenbereich. In diesem Kapitel werden wichtige Reparatur- und Wartungsaufgaben im Garten behandelt, darunter die Reparatur von Zäunen und Toren, die Reparatur von Rasengeräten, die Wartung von Sprinkleranlagen, der Bau und die Reparatur von Terrassen sowie die Bepflanzung und Pflege von Gärten.

8.1 Befestigung von Zäunen und Toren

Zäune und Tore bieten Privatsphäre, Sicherheit und definieren die Grenzen Ihres Grundstücks. Hier erfahren Sie, wie Sie häufige Probleme mit Zäunen und Toren beheben können.

Benötigte Werkzeuge und Materialien:

- Schraubendreher oder Bohrer

- Hammer

- Ersatzbretter oder -paneele

- Nägel oder Schrauben

- Holzkleber

- Pfostenzement (falls erforderlich)

Schritte:

1. Überprüfen Sie den Zaun: Suchen Sie nach beschädigten Brettern, losen Pfosten oder kaputten Beschlägen. Bestimmen Sie, welche Teile repariert oder ausgetauscht werden müssen.

2. Beschädigte Bretter ersetzen: Entfernen Sie alle kaputten oder verrotteten Bretter. Neue Bretter zuschneiden und mit Nägeln oder

Schrauben befestigen. Tragen Sie bei Bedarf Holzleim auf die Verbindungen auf, um die Festigkeit zu erhöhen.

3. Lose Pfosten befestigen: Wenn Zaunpfosten locker sind, entfernen Sie den Pfosten aus dem Loch, geben Sie Pfostenzement oder Betonmischung in das Loch und setzen Sie den Pfosten neu ein. Lassen Sie den Zement aushärten, bevor Sie die Zaunelemente wieder anbringen.

4. Tore reparieren: Überprüfen Sie bei Toren die Scharniere, den Riegel und den Rahmen auf Beschädigungen. Ziehen Sie alle losen oder defekten Teile fest oder ersetzen Sie sie. Stellen Sie das Tor so ein, dass es frei schwingt und richtig schließt.

5. Versiegelung und Farbe: Um den Zaun vor Witterungseinflüssen zu schützen, tragen Sie eine Versiegelung oder Außenfarbe auf. Dadurch wird die Lebensdauer des Holzes verlängert und sein Aussehen erhalten.

8.2 Rasengeräte reparieren

Durch die ordnungsgemäße Wartung und Reparatur von Rasengeräten stellen Sie sicher, dass diese effizient funktionieren und länger halten. Hier erfahren Sie, wie Sie mit häufigen Reparaturen umgehen.

Benötigte Werkzeuge und Materialien:

- Schraubendreher

- Zündkerzenschlüssel

- Öl und Kraftstoff

- Ersatzteile (Klingen, Riemen usw.)

- Reinigungsmittel

Schritte:

1. Überprüfen Sie den Motor: Überprüfen Sie bei gasbetriebenen Geräten den Ölstand und den

Kraftstoff. Wechseln Sie das Öl, wenn es verschmutzt ist, und ersetzen Sie den alten Kraftstoff durch frischen Kraftstoff.

2. Überprüfen Sie die Zündkerze: Entfernen Sie die Zündkerze und überprüfen Sie sie. Reinigen oder ersetzen Sie es, wenn es abgenutzt oder verschmutzt ist.

3. Messer schärfen oder austauschen: Bei Rasenmähern und Trimmern schärfen Sie die Messer mit einem Schärfwerkzeug oder ersetzen Sie sie, wenn sie zu stumpf oder beschädigt sind.

4. Riemen und Kabel austauschen: Riemen und Kabel auf Verschleiß prüfen. Ersetzen Sie ausgefranste oder gebrochene Teile, um einen ordnungsgemäßen Betrieb sicherzustellen.

5. Reinigen Sie das Gerät: Entfernen Sie Grasschnitt und Schmutz vom Gerät. Zur Reinigung schwer zugänglicher Stellen verwenden Sie eine Bürste oder Druckluft.

8.3 Wartung von Sprinkleranlagen

Eine gut funktionierende Sprinkleranlage ist für die Gesundheit Ihres Rasens und Gartens unerlässlich. Hier erfahren Sie, wie Sie es warten und reparieren.

Benötigte Werkzeuge und Materialien:

- Sprinklerköpfe
- Rohrschlüssel
- Teflonband
- Ersatzteile (Ventile, Rohre usw.)
- Gartenschlauch

Schritte:

1. Überprüfen Sie das System: Überprüfen Sie, ob die Sprinklerköpfe verstopft oder beschädigt

sind. Suchen Sie nach Undichtigkeiten in den Rohren und Ventilen.

2. Sprinklerköpfe reinigen oder austauschen: Verstopfte Sprinklerköpfe entfernen und reinigen. Wenn sie beschädigt sind, ersetzen Sie sie durch neue.

3. Lecks beheben: Lokalisieren und reparieren Sie Lecks in den Rohren oder Armaturen mit Teflonband und Rohrzangen. Ersetzen Sie alle gerissenen oder kaputten Rohre.

4. Sprinklerköpfe anpassen: Passen Sie die Richtung und Abdeckung der Sprinklerköpfe an, um eine gleichmäßige Bewässerung Ihres Rasens und Gartens zu gewährleisten.

5. Machen Sie das System winterfest: Entleeren Sie in kälteren Klimazonen das System und blasen Sie das restliche Wasser aus, um Frostschäden zu vermeiden.

8.4 Decks bauen und reparieren

Terrassen bieten wertvollen Wohnraum im Freien und erfordern regelmäßige Wartung, um sicher und attraktiv zu bleiben. Hier erfahren Sie, wie Sie ein Deck bauen oder reparieren.

Benötigte Werkzeuge und Materialien:

- Maßband

- Gesehen

- Hammer oder Bohrer

- Terrassendielen

- Schrauben oder Nägel

- Holzversiegelung oder Farbe

Schritte:

1. Planen Sie das Deck: Entwerfen Sie für neue Decks einen Grundriss und holen Sie die erforderlichen Genehmigungen ein. Messen und markieren Sie die Standorte für Pfosten und Stützen.

2. Bauen Sie den Rahmen: Installieren Sie die Terrassenpfosten, Balken und Balken gemäß Ihrem Plan. Stellen Sie sicher, dass alles eben und sicher ist.

3. Terrassendielen montieren: Befestigen Sie die Terrassendielen mit Schrauben oder Nägeln am Rahmen. Lassen Sie zwischen den Brettern einen kleinen Spalt, um eine Ausdehnung und Entwässerung zu ermöglichen.

4. Beschädigte Abschnitte reparieren: Ersetzen Sie bei vorhandenen Terrassen alle beschädigten oder verrotteten Dielen. Ziehen Sie lose Schrauben oder Nägel fest und verstärken Sie eventuelle Schwachstellen.

5. Versiegeln und pflegen: Tragen Sie eine Holzversiegelung oder Außenfarbe auf, um das Deck vor Witterungsschäden zu schützen. Reinigen und inspizieren Sie das Deck regelmäßig, um eventuelle Probleme umgehend zu beheben.

8.5 Anlegen und Pflegen von Gärten

Gärten verleihen Ihrem Zuhause Schönheit und Wert. Die richtige Bepflanzung und Pflege sind der Schlüssel zu einem blühenden Garten. Hier erfahren Sie, wie Sie mit der Gartenpflege umgehen.

Benötigte Werkzeuge und Materialien:

- Gartenkelle

- Gartenschere

- Dünger

- Laubdecke

- Gießkanne oder Schlauch

Schritte:

1. Bereiten Sie den Boden vor: Testen und bearbeiten Sie den Boden nach Bedarf, um sicherzustellen, dass er die richtigen Nährstoffe und die richtige Drainage für Ihre Pflanzen enthält. Fügen Sie Kompost oder Dünger hinzu, um die Bodenqualität zu verbessern.

2. Richtig pflanzen: Befolgen Sie die Pflanzrichtlinien für verschiedene Pflanzenarten, einschließlich Tiefe, Abstand und Sonnenlichtanforderungen. Gießen Sie die Pflanzen sofort nach dem Pflanzen.

3. Mulchen und düngen: Tragen Sie Mulch rund um die Pflanzen auf, um die Feuchtigkeit zu speichern und Unkraut zu reduzieren. Düngen

Sie entsprechend den Bedürfnissen Ihrer Pflanzen und der Jahreszeit.

4. Beschneiden und trimmen: Beschneiden und trimmen Sie Pflanzen regelmäßig, um ein gesundes Wachstum zu fördern und abgestorbene oder kranke Teile zu entfernen. Verwenden Sie eine Gartenschere, um saubere Schnitte zu erzielen.

5. Bewässern und pflegen: Bewässern Sie Ihren Garten regelmäßig, um sicherzustellen, dass die Pflanzen ausreichend Feuchtigkeit erhalten. Suchen Sie nach Schädlingen und Krankheiten und bekämpfen Sie diese umgehend.

Indem Sie diese Aspekte der Gartenpflege und -reparatur berücksichtigen, können Sie die Funktionalität und das Erscheinungsbild Ihrer Außenbereiche verbessern und so eine angenehmere und wertvollere Umgebung schaffen.

Abschluss

In „DIY Essentials: A Guide to Home Repairs" sind wir durch wichtige Reparatur- und Wartungsaufgaben gegangen, mit denen jeder Hausbesitzer vertraut sein sollte. Ganz gleich, ob Sie einen undichten Wasserhahn reparieren, eine Terrasse reparieren oder Ihre Rasengeräte warten – die in diesem Leitfaden erworbenen Fähigkeiten und Kenntnisse werden Sie in die Lage versetzen, diese Herausforderungen mit Zuversicht anzugehen.

Die Instandhaltung eines Hauses umfasst ein breites Spektrum an Aufgaben, die jeweils zur allgemeinen Sicherheit, Funktionalität und Ästhetik Ihres Wohnraums beitragen. Durch die Beherrschung dieser grundlegenden Reparaturen sparen Sie nicht nur Geld für professionelle Dienstleistungen, sondern gewinnen auch ein

Erfolgserlebnis und Kontrolle über Ihre Umgebung.

Von kleinsten Reparaturen wie dem Abdichten von Badezimmerfliesen bis hin zu größeren Projekten wie dem Bau einer Terrasse erfordert jede Aufgabe sorgfältige Aufmerksamkeit und Lernbereitschaft. Denken Sie daran, dass DIY-Projekte oft ihre eigenen Herausforderungen mit sich bringen, aber mit Geduld und Beharrlichkeit können Sie diese meistern. Sorgen Sie dafür, dass Ihre Werkzeuge und Materialien gut gewartet werden, befolgen Sie die Sicherheitsrichtlinien und zögern Sie nicht, bei Bedarf zusätzliche Ressourcen oder professionelle Hilfe in Anspruch zu nehmen.

Seien Sie auf Ihrer DIY-Reise stolz auf Ihre Erfolge, egal wie groß oder klein sie sind. Jede Reparatur und Verbesserung erhöht den Komfort und den Wert Ihres Zuhauses. Nehmen Sie den Lernprozess an und genießen Sie die Zufriedenheit, die sich aus der Schaffung eines gepflegten, funktionalen Wohnraums ergibt.

Vielen Dank, dass Sie sich für diesen Leitfaden als Ressource für Reparaturen zu Hause entschieden haben. Mögen sich Ihre DIY-Abenteuer lohnen und Ihr Zuhause immer ein Ort der Behaglichkeit und des Stolzes sein.

www.ingramcontent.com/pod-product-compliance
Lightning Source LLC
Chambersburg PA
CBHW071933210526
45479CB00002B/658